Georges HATHRY

# Auditoria Interna 4.0

## A revolução da inteligência artificial na auditoria interna

ScienciaScripts

**Imprint**


Cover image: www.ingimage.com

This book is a translation from the original published under ISBN 978-620-6-70664-9.

Publisher:
Sciencia Scripts
is a trademark of
Dodo Books Indian Ocean Ltd. and OmniScriptum S.R.L publishing group

120 High Road, East Finchley, London, N2 9ED, United Kingdom
Str. Armeneasca 28/1, office 1, Chisinau MD-2012, Republic of Moldova, Europe

**ISBN: 978-620-7-33915-0**

Georges HATHRY

# Auditoria Interna 4.0

## A revolução da inteligência artificial na auditoria interna

HATHRY GEORGES CAPITAL

H

# Auditoria Interna 4.0

## A revolução da inteligência artificial na auditoria interna

HATHRY Georges Capital, fevereiro de 2024

Índice

*"Aquele que olha para ele brilhará, sem sombra nem perturbação no seu rosto.*

*Salmos 33:6*

# PREFÁCIO

## PREFÁCIO

No início de um trabalho de auditoria interna para analisar as contas de uma das filiais de um grupo, solicitámos a extração da base de dados do programa de contabilidade Sage em formato Excel. O objetivo deste pedido era fornecer-nos rapidamente as informações contabilísticas e financeiras de que necessitávamos para os nossos testes de auditoria. Este método tinha a vantagem de reduzir consideravelmente o tempo necessário para os nossos trabalhos de auditoria interna no local.

Atualmente, existem ferramentas de business intelligence que permitem aceder automaticamente a todas as bases de dados informáticas de uma empresa. Estas ferramentas, fruto das actuais inovações tecnológicas, transformaram completamente a abordagem do trabalho de auditoria interna. Esta é uma das razões pelas quais tivemos a ideia de escrever um livro sobre a auditoria interna, integrando as ferramentas 4.0 e o contexto da evolução das novas tecnologias.

Este livro levá-lo-á ao futuro da auditoria interna, que está a ser afetada por uma série de inovações tecnológicas.

A auditoria interna é uma parte essencial da gestão financeira de uma organização. Garante a conformidade dos processos e o respeito dos regulamentos internos e externos. No entanto, com o advento da tecnologia, nomeadamente da inteligência artificial e da automatização de processos, o papel da auditoria interna evoluiu para se adaptar a estas novas realidades.

Em "Audit Interne 4.0", exploramos uma visão moderna da auditoria interna num mundo cada vez mais digital. A transformação digital da auditoria interna é uma das áreas a integrar no controlo empresarial.

Este livro analisa a transformação digital da auditoria interna. Trata da utilização de ferramentas de auditoria interna baseadas nas novas tecnologias. Analisa os desafios que os auditores internos enfrentam neste contexto. Destacamos a importância das tecnologias emergentes para garantir a melhoria das actividades de auditoria interna.

Os avanços tecnológicos no domínio da auditoria interna constituem um dos principais contributos deste livro. Apresenta as novas tecnologias que podem ser utilizadas na auditoria interna. A utilização da inteligência artificial, por exemplo, permite recolher e analisar rapidamente grandes volumes de dados, facilitando a identificação de riscos potenciais. A automatização dos processos permite efetuar testes mais rapidamente e com maior precisão. Ao integrar estas tecnologias na sua prática, os auditores internos podem aumentar a eficiência e a relevância do seu trabalho.

Os novos instrumentos de auditoria interna têm os méritos de uma abordagem integrada. Este livro sublinha igualmente a importância de uma abordagem integrada da auditoria interna. Os auditores precisam de trabalhar em estreita colaboração com outras funções da organização, como as finanças e as TI, para garantir que têm uma visão completa dos riscos e dos problemas. Esta cooperação conduz a uma melhor compreensão dos processos e à implementação de controlos mais eficazes.

O papel do auditor interno no contexto da evolução tecnológica 4.0 está a ser alargado na empresa. O contexto digital exige uma redefinição do papel do auditor interno. Neste livro, salientamos que os auditores internos precisam de desenvolver novas competências para se adaptarem ao ambiente digital em constante mudança. Têm de compreender as tecnologias emergentes, ser capazes de analisar rapidamente os dados e fornecer recomendações relevantes.

Este livro oferece conselhos sobre como desenvolver uma visão da Auditoria Interna 4.0.

Analisa a evolução da auditoria interna num mundo digital em constante mudança. Ao olharem para o futuro, os auditores internos podem contribuir para a implementação de um sistema de controlo interno adaptado aos desafios das inovações tecnológicas. Antecipam as medidas 4.0 adequadas para garantir a conformidade e a boa gestão financeira das organizações.

*"A transformação digital da auditoria interna está no centro das preocupações de controlo das empresas.*

# INTRODUÇÃO

# INTRODUÇÃO

Em 2022, nos escritórios do Grupo LINK UP, houve uma discussão animada entre Henri, o Chefe da Auditoria Interna, e Marvin, o Presidente do Comité de Auditoria. Os dois homens estavam reunidos para discutir a viabilidade da implementação da Auditoria Interna 4.0 na empresa.

Henri tinha acabado de concluir uma apresentação pormenorizada sobre os benefícios e desafios desta nova abordagem à auditoria interna. Explicou a Marvin que a Auditoria Interna 4.0 utiliza tecnologias de ponta como a inteligência artificial, a automatização de tarefas e a análise de dados em tempo real para melhorar a eficiência e a relevância dos processos de auditoria interna.

Marvin estava cético. Receava que a implementação da Auditoria Interna 4.0 fosse demasiado dispendiosa e complexa para a empresa. Perguntou a Henri se era realmente necessário gastar tanto dinheiro na transformação digital da auditoria interna.

Henri voltou a falar com entusiasmo, explicando que a Auditoria Interna 4.0 permitiria a automatização de tarefas repetitivas, permitindo que os auditores se concentrassem em actividades de maior valor acrescentado, como a análise de riscos e a identificação de oportunidades para melhorar os processos operacionais e financeiros.

Acrescentou ainda que a Auditoria Interna 4.0 melhoraria o resultado das tarefas de auditoria interna, reduzindo o risco de erro humano e utilizando algoritmos avançados para analisar os dados de forma mais precisa e eficiente. Deste modo, será possível detetar mais rapidamente as anomalias e fazer recomendações mais pertinentes às várias entidades do Grupo LINK UP.

Marvin começou a compreender a importância desta transformação digital para a empresa. Apercebeu-se de que a Auditoria Interna 4.0 poderia acrescentar um valor real, ajudando a antecipar riscos e a otimizar o desempenho.

Por fim, os dois homens concordaram com a importância de implementar a Auditoria Interna 4.0 no Grupo LINK UP. Decidiram formar uma equipa dedicada a este projeto, composta por especialistas em tecnologia e auditores internos experientes.

Por isso, o Grupo LINK UP iniciou o projeto de implementação da Auditoria Interna 4.0, tirando o máximo partido dos avanços tecnológicos e das oportunidades que estes oferecem. Graças à Auditoria Interna 4.0, a empresa poderá melhorar significativamente o seu desempenho e a sua competitividade no mercado.

Esta história destaca uma das preocupações relacionadas com a implementação da auditoria interna 4.0, nomeadamente a forma como a auditoria interna se pode adaptar e tirar partido da transformação digital e da emergência da tecnologia 4.0 (inteligência artificial, big data, cadeia de blocos, etc.) para reforçar os sistemas de controlo interno das organizações.

Esta transformação digital está a ter um impacto significativo nas operações comerciais, alterando a forma como as empresas recolhem, gerem e utilizam os dados. Este facto cria novas oportunidades, mas também novos riscos que têm de ser tidos em conta no processo de auditoria interna.

A Auditoria Interna 4.0 deve determinar como os auditores internos podem utilizar as novas tecnologias para recolher, analisar e interpretar os dados de forma mais eficaz. Isto exige que os auditores com competências em novas tecnologias, análise de dados e segurança de dados sejam integrados na equipa.

Além disso, a Auditoria Interna 4.0 deve também responder às expectativas da crescente digitalização dos processos empresariais. Os desenvolvimentos tecnológicos podem tornar os controlos tradicionais menos eficazes. Os auditores internos devem, por conseguinte, desenvolver novas metodologias para avaliar os riscos associados a estes processos digitalizados e propor recomendações adequadas para reforçar os controlos internos.

A Auditoria Interna 4.0 deve também abordar as questões éticas associadas à utilização das tecnologias 4.0. Deve garantir a confidencialidade dos dados aquando da utilização de tecnologias como a inteligência artificial.

Ao longo deste livro, serão colocadas as seguintes questões: O que é a Auditoria Interna 4.0? Porquê implementar a Auditoria Interna 4.0? Como implementar a Auditoria Interna 4.0? Como podem as ferramentas de inteligência artificial melhorar o desempenho das equipas de auditoria interna? Como é que a abordagem metodológica da auditoria interna se pode adaptar à transformação digital e às novas tecnologias para melhorar a eficácia e o impacto das tarefas de auditoria interna?

"Auditoria Interna 4.0: A Revolução da Inteligência Artificial na Auditoria Interna" é um livro que explora o impacto da inteligência artificial na auditoria interna. Neste livro, examinamos os avanços tecnológicos que permitiram o surgimento da Auditoria Interna 4.0 e como essas tecnologias estão a transformar os métodos tradicionais de auditoria e controlo.

Para responder às várias questões levantadas pela implementação da Auditoria Interna 4.0, dividimos este livro em doze partes: a primeira parte trata da definição, dos desafios e dos objectivos da Auditoria Interna 4.0, a segunda parte trata dos riscos associados ao contexto do desenvolvimento das novas tecnologias, a terceira parte apresenta a abordagem de implementação da auditoria interna da Auditoria Interna 4.0, a quarta parte trata das vantagens e desvantagens da auditoria interna 4.0, a quinta parte aborda o impacto da inteligência artificial na auditoria interna, a sexta parte trata do valor acrescentado da auditoria interna 4.0 e a sétima parte apresenta exemplos práticos da implementação da auditoria interna 4.0.

A Inteligência Artificial (IA) oferece novas oportunidades para automatizar e melhorar os processos de auditoria. Pode ser utilizada para analisar grandes quantidades de dados para identificar potenciais riscos e anomalias. A IA também pode ser utilizada para prever riscos futuros e propor recomendações para os atenuar.

Neste livro, tentaremos também dar uma visão geral das diferentes aplicações da inteligência artificial na auditoria interna através de casos práticos de empresas, em particular casos relacionados com a análise preditiva, a aprendizagem automática, a robótica e a gestão de dados.

Ao explorar esses tópicos, este livro tem como objetivo fornecer aos profissionais de auditoria interna e líderes empresariais um guia prático abrangente para entender o potencial da IA na auditoria interna, implementando a abordagem da Auditoria Interna 4.0 e aproveitando ao máximo a evolução tecnológica que é a Inteligência Artificial.

*"Estas ferramentas de Auditoria Interna 4.0 permitem resultados mais precisos, mais rápidos e mais granulares, reforçando a fiabilidade e a relevância das conclusões da auditoria interna."*

# 1ère PARTE: DEFINIÇÃO, DESAFIOS E OBJECTIVOS DA AUDITORIA INTERNA 4.0

## 1ère PARTE: DEFINIÇÃO, DESAFIOS E OBJECTIVOS DA AUDITORIA INTERNA 4.0

Vamos contar-lhe o intercâmbio entre MARVIN, Diretor de Auditoria Interna do Grupo KLZ, e FLORIAN, Diretor de Sistemas de Informação deste Grupo, sobre a definição, os desafios e os objectivos da Auditoria 4.0.

MARVIN diz: Olá Florian, obrigado por concordar em falar comigo hoje sobre a Auditoria 4.0. Gostaria de conhecer o seu ponto de vista, enquanto Diretor de Sistemas de Informação, sobre esta nova abordagem à auditoria interna.

FLORIAN responde: Olá Marvin, é um prazer debater este assunto consigo. A auditoria 4.0 é uma evolução da auditoria interna que integra novas tecnologias e dados digitais nos seus processos. Isto ajuda a otimizar o desempenho e a garantir um melhor controlo dos riscos para a empresa.

MARVIN diz: Sem dúvida, com a Auditoria 4.0, as ferramentas de análise de dados, como a inteligência artificial, a inteligência empresarial e o big data, permitem uma recolha, análise e interpretação de dados mais eficazes e eficientes. Isto significa que as anomalias e os riscos potenciais podem ser identificados mais rapidamente.

FLORIAN responde: Exatamente, a Auditoria 4.0 proporciona uma visão mais multifuncional e em tempo real da empresa. Isto melhora a capacidade de reação e a pertinência das intervenções de auditoria interna. Além disso, ao integrarmos as tecnologias de cibersegurança, estamos a reforçar a confidencialidade e a integridade dos dados que auditamos.

MARVIN diz: Os desafios da Auditoria 4.0 são, portanto, claros: aumentar o valor acrescentado das missões de auditoria interna e a rapidez e fiabilidade das análises, reduzindo simultaneamente os riscos de fraude e de erro. Na sua opinião, quais são os objectivos a atingir para que esta transição para a Auditoria 4.0 seja um sucesso?

FLORIAN responde: Os principais objectivos da Auditoria 4.0 consistem em otimizar os custos e os prazos das intervenções, melhorando simultaneamente o valor acrescentado do trabalho de auditoria. É igualmente importante formar as equipas de auditoria interna na utilização das novas tecnologias para assegurar uma transição harmoniosa para a Auditoria 4.0.

MARVIN diz: Obrigado, Florian, por este intercâmbio muito enriquecedor. Penso que a Auditoria 4.0 oferece muitas oportunidades para reforçar ainda mais o papel do controlo interno e a contribuição da auditoria interna para a gestão dos riscos do Grupo.

FLORIAN diz: Estou totalmente de acordo consigo, Marvin. Estou convencido de que a Auditoria 4.0 nos permitirá enfrentar novos desafios e trazer um verdadeiro valor acrescentado à empresa.

## Capítulo 1: Definição de Auditoria Interna 4.0

A Auditoria Interna 4.0 é uma evolução da auditoria interna tradicional que integra novas tecnologias e métodos de trabalho colaborativos no processo de auditoria.

A Auditoria Interna 4.0 utiliza ferramentas digitais como a análise de dados, a inteligência artificial, a robótica e a automatização para recolher, analisar e interpretar informações financeiras, operacionais e de conformidade. Estas ferramentas fornecem resultados mais precisos, mais rápidos e mais granulares, tornando as conclusões da auditoria mais fiáveis e relevantes.

Além disso, a Auditoria Interna 4.0 incentiva uma abordagem colaborativa entre os vários actores da empresa. Os auditores trabalham em estreita colaboração com os directores operacionais e os peritos técnicos para avaliar com maior profundidade os riscos e as oportunidades associados aos processos internos da empresa. Esta colaboração acrescida permite também uma melhor integração das recomendações da auditoria interna nas decisões estratégicas da empresa.

A Auditoria Interna 4.0 é uma abordagem modernizada da auditoria interna que utiliza novas tecnologias e promove a colaboração para obter resultados mais exactos e relevantes.

## Capítulo 2: Os desafios da Auditoria Interna 4.0

Uma cadeia de boutiques de luxo chamada GHAD, que tinha conseguido estabelecer-se em 35 países africanos, enfrentava riscos ao nível operacional da sua atividade. A atividade da empresa estava a crescer e os seus produtos eram muito apreciados por uma clientela abastada.

Apesar do seu sucesso, a GHAD enfrentava uma série de desafios em termos de gestão e de controlo interno. Os administradores da empresa estavam conscientes da necessidade de criar um sistema de auditoria interna eficaz para garantir a proteção dos seus activos e a continuidade da sua atividade.

Foi nesta altura que nasceu o conceito de Auditoria Interna 4.0. Graças à utilização de tecnologias de ponta como a inteligência artificial, o blockchain e a análise massiva de dados, passou a ser possível realizar auditorias com inegável valor acrescentado.

A GHAD recorreu a uma equipa de especialistas em Auditoria Interna 4.0 para implementar esta nova ferramenta na sua rede de boutiques. Os primeiros resultados foram muito encorajadores: graças à recolha e análise automatizadas de dados, os auditores puderam detetar irregularidades anteriormente insuspeitas e propor medidas correctivas eficazes.

Esta revolução na auditoria interna permitiu à GHAD reforçar os seus controlos internos, otimizar os seus processos e detetar mais rapidamente potenciais fraudes. Graças à Auditoria Interna 4.0, a empresa pôde garantir a transparência das suas operações e reforçar a confiança dos seus accionistas e clientes.

Assim, a GHAD pôde crescer e expandir-se para novos mercados, assegurando simultaneamente a proteção dos seus activos e a conformidade das suas práticas. A Auditoria Interna 4.0 revolucionou a governação da empresa e tornou-se um verdadeiro trunfo na gestão dos seus desafios estratégicos.

A Auditoria Interna 4.0 refere-se à utilização da tecnologia e de ferramentas digitais avançadas para melhorar os processos de auditoria interna. Esta evolução apresenta uma série de desafios importantes: a automatização das tarefas, a análise de dados volumosos, a cibersegurança, a confidencialidade dos dados e o desenvolvimento de competências.

## 1. Automatização de tarefas

Ao integrar a tecnologia, certas tarefas repetitivas e de rotina podem ser automatizadas, permitindo que os auditores internos se concentrem em actividades de maior valor acrescentado. Isto pode incluir a automatização da recolha de dados, da análise de riscos e da elaboração de relatórios.

## 2. Análise de grandes volumes de dados

A Auditoria Interna 4.0 permite que grandes quantidades de dados sejam processadas e analisadas de forma mais rápida e eficiente. Isto permite aos auditores internos detetar padrões, tendências e anomalias que podem indicar potenciais problemas ou oportunidades de melhoria.

## 3. Cibersegurança

Com a Auditoria Interna 4.0, está a tornar-se essencial que os auditores internos compreendam os riscos associados à cibersegurança e sejam capazes de avaliar a eficácia das medidas de segurança implementadas. Os auditores devem ser capazes de identificar vulnerabilidades e recomendar medidas correctivas para reduzir o risco de ciberataques.

### 4. Confidencialidade dos dados

A utilização da tecnologia pode aumentar o risco de divulgação de dados confidenciais. Os auditores internos devem, portanto, garantir que as medidas de proteção de dados são eficazes e estão em conformidade com a regulamentação em vigor. Devem também ser capazes de detetar quaisquer anomalias e tomar medidas correctivas.

### 5. Desenvolvimento de competências

A Auditoria Interna 4.0 exige que os auditores internos desenvolvam novas competências em tecnologia e análise de dados. Os auditores devem ser capazes de utilizar eficazmente as ferramentas de auditoria digital, compreender as tecnologias emergentes, como a inteligência artificial e a automatização robótica de processos, e aplicá-las no seu trabalho de auditoria.

A Auditoria Interna 4.0 tem o potencial de melhorar a eficiência, a exatidão e a relevância da auditoria interna, mas também exige que os auditores internos se adaptem e adquiram novas competências.

## Capítulo 3: Objectivos da auditoria interna 4.0

Na empresa imobiliária IMZU de Xangai, o diretor-geral decidiu adotar a Auditoria Interna 4.0 para melhorar a gestão e a transparência das actividades da empresa.

A Auditoria Interna 4.0 foi uma abordagem inovadora que combinou tecnologias de ponta como a inteligência artificial, big data e automação para analisar os processos internos de uma empresa de forma mais eficiente e precisa.

O principal objetivo desta iniciativa era otimizar as operações da empresa imobiliária, através da identificação de riscos potenciais, da melhoria dos processos internos e do reforço da governação empresarial.

Graças à Auditoria Interna 4.0, as equipas de controlo interno da IMZU podem agora recolher e analisar rapidamente uma grande quantidade de dados, facilitando a deteção de anomalias e potenciais fraudes.

Além disso, a automatização de tarefas repetitivas permitiu que os auditores internos se concentrassem em actividades de maior valor acrescentado e apresentassem recomendações estratégicas para melhorar o desempenho da empresa.

Com o tempo, a adoção da Auditoria Interna 4.0 melhorou a rentabilidade, a reputação e a conformidade regulamentar da IMZU. A empresa imobiliária tornou-se um exemplo de boas práticas de governação empresarial e atraiu novos investidores graças à sua transparência e ao rigor na gestão das suas actividades.

A Auditoria Interna 4.0 permitiu à IMZU reforçar a sua competitividade no mercado imobiliário de Xangai e assegurar o seu futuro a longo prazo. Foi um verdadeiro sucesso, demonstrando até que ponto a tecnologia pode ser um ativo valioso para auditorias internas eficazes em empresas modernas.

Os objectivos da Auditoria Interna 4.0 consistem em apoiar a transformação digital da empresa, identificar os riscos associados à digitalização, avaliar a eficácia dos controlos internos, melhorar a eficiência das actividades operacionais e reforçar a cultura de governação e controlo.

**1. Apoiar a transformação digital da empresa**

O objetivo da Auditoria Interna 4.0 é apoiar a empresa na sua transição para as tecnologias e processos digitais. O objetivo é assegurar que os sistemas de informação são seguros, fiáveis e eficientes e garantir que as novas tecnologias são implementadas de forma óptima.

**2. Identificar os riscos associados à digitalização**

O objetivo da Auditoria Interna 4.0 é identificar os riscos potenciais associados à digitalização da empresa, tais como a cibersegurança, a proteção de dados, a conformidade regulamentar, etc.

A auditoria interna desempenha um papel essencial na redução destes riscos e na aplicação de medidas preventivas.

### 3. Avaliar a eficácia dos controlos internos

A Auditoria Interna 4.0 visa avaliar a eficácia dos controlos internos instituídos pela empresa para garantir a segurança e a validade dos dados digitais. O objetivo é garantir que os controlos são suficientemente sólidos para evitar fraudes, erros e manipulação de dados.

### 4. Melhorar a eficiência das actividades operacionais

A Auditoria Interna 4.0 também visa melhorar a eficiência das actividades operacionais da empresa. Isto pode ser feito através da identificação de oportunidades de automatização de processos, da recomendação de melhorias na eficiência dos sistemas de informação e da avaliação da utilização de recursos digitais.

### 5. Reforçar a cultura da governação e do controlo

Por último, a Auditoria Interna 4.0 visa reforçar a cultura de governação e controlo na empresa. Isto inclui a sensibilização dos funcionários para os riscos associados à digitalização, a sua formação em boas práticas de cibersegurança e proteção de dados e a promoção da transparência e da integridade na utilização das tecnologias digitais.

*"Estão a ser desenvolvidas cada vez mais tecnologias a um ritmo que excede a capacidade de adaptação das empresas. Estas tecnologias emergentes apresentam riscos a todos os níveis da empresa e ao longo da vida dos projectos."*

# 2$^{ème}$ PARTE: RISCOS ASSOCIADOS AO DESENVOLVIMENTO DE NOVAS TECNOLOGIAS

## PARTE 2: RISCOS RELACIONADOS COM O DESENVOLVIMENTO DE NOVAS TECNOLOGIAS

A World Coffee é um produtor industrial de café que opera em 115 países em África e na Europa. A empresa é conhecida pela qualidade dos seus produtos e pela sua capacidade de satisfazer as necessidades dos seus clientes em todo o mundo. No entanto, apesar da sua posição de liderança no mercado do café, a World Coffee enfrenta uma série de riscos que podem pôr em causa a sua atividade.

Um dos principais riscos que o café mundial enfrenta é a volatilidade dos preços dos produtos de base. A produção de café está sujeita a variações significativas dos preços no mercado mundial. Um aumento súbito dos preços do café poderia ter um impacto negativo na rendibilidade da empresa, enquanto uma descida dos preços poderia reduzir as margens e os lucros.

A World Coffee está também exposta a riscos geopolíticos, em particular nos países africanos onde opera. Conflitos armados, agitação política ou mudanças de regime podem perturbar o fornecimento de matérias-primas e as operações de produção da empresa, com graves consequências para o seu negócio.

Além disso, a questão da responsabilidade social e ambiental tornou-se um grande desafio para as empresas, em particular no sector agroalimentar. "A World Coffee deve garantir o cumprimento de normas de desenvolvimento sustentável, de proteção do ambiente e de condições de trabalho justas para os seus empregados. Se não o fizer, poderá incorrer em sanções financeiras, acções judiciais e perda de credibilidade junto dos seus clientes e parceiros.

A concorrência intensa no mercado do café representa um risco importante para a "World Coffee". Novos actores, marcas concorrentes e produtos inovadores são constantemente introduzidos no mercado, obrigando a empresa a diferenciar-se, a inovar e a fidelizar os clientes para se manter competitiva.

Perante estes riscos, é essencial que a World Coffee ponha em prática uma estratégia eficaz de gestão dos riscos, diversifique as suas fontes de matérias-primas, reforce a sua imagem de marca e se empenhe numa abordagem de desenvolvimento sustentável para garantir a sua sobrevivência e o seu crescimento a longo prazo.

A empresa também enfrenta uma série de riscos associados ao desenvolvimento de novas tecnologias. A digitalização e a automatização dos processos de produção podem conduzir a vulnerabilidades em termos de cibersegurança, proteção de dados e gestão dos riscos da cadeia de abastecimento.

Por exemplo, a introdução de robôs nas fábricas de produção de café pode aumentar a produtividade, mas também pode expor a empresa a violações da segurança informática se esses robôs não estiverem devidamente protegidos contra ciberataques. Do mesmo modo, a utilização de máquinas ligadas à Internet para monitorizar a qualidade do café em tempo real pode permitir a deteção rápida de defeitos de produção, mas também pode deixar a empresa vulnerável a ataques externos destinados a perturbar a sua produção.

Perante estes riscos, a Auditoria 4.0 pode desempenhar um papel crucial para ajudar as empresas a controlá-los. Ao combinar as tecnologias tradicionais de auditoria com a análise de dados e ferramentas de monitorização de riscos em tempo real, a Auditoria 4.0 permite identificar mais rapidamente as violações de segurança, implementar medidas de prevenção e resposta mais eficazes e monitorizar continuamente o cumprimento das normas e regulamentos em vigor.

Neste contexto, um estudo de caso prático poderia consistir em simular uma intrusão externa com o objetivo de penetrar nos sistemas de produção de café da empresa. A Auditoria 4.0 permitiria então detetar o ataque em tempo real, analisar o seu impacto potencial na produção e aplicar medidas correctivas para limitar os danos e reforçar a segurança dos sistemas informáticos da empresa.

Os produtores de café industrial precisam de ter em conta os riscos associados ao desenvolvimento de novas tecnologias, a fim de protegerem a sua atividade e garantirem a sua sobrevivência a longo prazo. A Auditoria 4.0 está a revelar-se um aliado inestimável para antecipar, prevenir e gerir esses riscos de forma proactiva e eficaz.

A evolução de tecnologias como a inteligência artificial, a robótica, a tecnologia de cadeias de blocos, os grandes volumes de dados e a inteligência empresarial oferece muitos benefícios às empresas, mas também as expõe a determinados riscos. Os riscos que as empresas podem enfrentar incluem o risco de confidencialidade e proteção de dados, o risco de segurança, o risco de perturbação do mercado, o risco de dependência tecnológica, o risco de perda de mão de obra, o risco de conformidade regulamentar, etc.

**1. Risco de confidencialidade e proteção de dados**

A utilização crescente da tecnologia pode levar a uma maior recolha, armazenamento e tratamento de dados sensíveis. Este facto expõe as empresas a riscos de fuga de dados e de pirataria de informação.

**2. Risco de segurança**

As tecnologias emergentes, como a inteligência artificial e a robótica, podem ser vulneráveis a ciberataques. Os sistemas automatizados podem ser pirateados ou utilizados para fins maliciosos, resultando em perdas financeiras ou danos para a reputação de uma empresa.

**3. Risco de perturbação do mercado**

A introdução de novas tecnologias pode perturbar o equilíbrio competitivo no mercado. As empresas que não se adaptam com a rapidez necessária podem perder a sua vantagem competitiva e ver a sua quota de mercado diminuir.

**4. Risco de dependência tecnológica**

As empresas que dependem demasiado de uma tecnologia específica podem estar expostas a riscos se essa tecnologia se tornar obsoleta ou for substituída por outra inovação. Um investimento significativo numa tecnologia específica pode levar a perdas financeiras se essa tecnologia se tornar obsoleta.

**5. Risco de perda de mão de obra**

A automatização e a introdução de tecnologias avançadas podem tornar alguns empregos obsoletos. Esta situação pode levar à perda de mão de obra qualificada e experiente, bem como a uma redução da motivação e da produtividade dos trabalhadores.

**6. Risco de conformidade regulamentar**

A utilização de novas tecnologias pode exigir o cumprimento de regulamentos adicionais ou a implementação de normas de segurança mais rigorosas. As empresas têm de estar cientes destes requisitos e investir na conformidade regulamentar para evitar coimas ou sanções.

É essencial que as empresas tenham em conta estes riscos potenciais e adoptem medidas adequadas de gestão dos riscos. Estas podem incluir a implementação de estratégias de segurança sólidas, a formação dos empregados em matéria de cibersegurança e proteção de dados e o acompanhamento e avaliação regulares dos riscos associados à utilização de novas tecnologias.

Acrescente-se ainda que a Auditoria Interna 4.0 pode permitir às empresas controlar diferentes tipos de risco, incluindo: riscos de segurança dos dados, riscos operacionais, riscos ligados à gestão de fornecedores e parceiros, etc.

## 7. Riscos para a segurança dos dados

Com a transformação digital das empresas, a quantidade de dados e informações sensíveis armazenados eletronicamente aumentou consideravelmente. A Auditoria Interna 4.0 pode ajudar a identificar vulnerabilidades de segurança e propor medidas preventivas para proteger os dados contra ciberataques.

## 8. Riscos de conformidade regulamentar

As empresas devem cumprir uma série de regras e normas em termos de governação, risco e conformidade. A Auditoria Interna 4.0 pode ajudar a garantir que essas obrigações legais e regulamentares sejam cumpridas e a identificar quaisquer lacunas na conformidade.

## 9. Riscos operacionais

A Auditoria Interna 4.0 pode ajudar a avaliar os processos comerciais de uma empresa e a identificar ineficiências, potenciais fraudes e pontos fracos. Isto melhora a gestão do risco e reforça a resiliência operacional da empresa.

## 10.Riscos de gestão de fornecedores e parceiros

As empresas estão a trabalhar cada vez mais com fornecedores e parceiros externos para satisfazer as suas necessidades de produtos e serviços. A Auditoria Interna 4.0 pode ajudar a avaliar a fiabilidade destes terceiros, a identificar potenciais riscos e a criar mecanismos de controlo para garantir uma colaboração segura e eficaz.

A Auditoria Interna 4.0 pode desempenhar um papel crucial no controlo dos riscos enfrentados pelas empresas, permitindo-lhes identificar potenciais ameaças, criar resiliência e garantir a conformidade com as normas e regulamentos em vigor.

*"A sua organização deve ser capaz de implementar com sucesso a Auditoria Interna 4.0 e colher os benefícios que ela pode trazer em termos de eficiência, desempenho e governação."*

# 3ème PARTE: ABORDAGEM PARA A IMPLEMENTAÇÃO DA AUDITORIA INTERNA 4.0

## 3ème PARTE: ABORDAGEM PARA A IMPLEMENTAÇÃO DA AUDITORIA INTERNA 4.0

A implementação da Auditoria Interna 4.0 implica várias etapas fundamentais. A abordagem geral para o conseguir envolve várias fases: identificação dos objectivos, análise das necessidades e dos recursos, definição do plano de ação, formação do pessoal, implementação de novas tecnologias, avaliação e melhoria contínuas e acompanhamento das recomendações da auditoria 4.0.

Identificação dos objectivos

⇩

Análise das necessidades e dos recursos

⇩

Definição do plano de ação

⇩

Formação do pessoal

⇩

Implementação de novas tecnologias

⇩

Avaliação e melhoria contínuas

⇩

## Capítulo 1: Identificação dos objectivos

Antes de mais, é importante determinar os objectivos específicos da Auditoria Interna 4.0 na sua organização. Estes podem incluir o desejo de utilizar tecnologias digitais avançadas para melhorar a eficiência da auditoria, melhorar o desempenho do controlo interno ou reforçar a governação e a conformidade.

A identificação dos objectivos da Auditoria Interna 4.0 é de extrema importância em cada organização. Esta etapa essencial permite definir especificamente as ambições da auditoria interna no contexto da transformação digital.

Um dos principais objectivos pode ser a utilização de tecnologias digitais avançadas para melhorar a eficiência dos processos de auditoria. Ao integrar ferramentas como a automatização de tarefas, a inteligência artificial e a análise de dados, os auditores internos podem aumentar a sua produtividade e efetuar auditorias mais rápidas e mais completas. Isto também reduz o erro humano e permite que os recursos sejam afectados a tarefas de maior valor acrescentado.

Outro objetivo pode ser o de melhorar o desempenho do controlo interno. Graças aos avanços tecnológicos, a Auditoria Interna 4.0 pode implementar uma monitorização em tempo real dos processos e dos riscos, permitindo detetar rapidamente desvios e anomalias. Esta abordagem proactiva reforça a capacidade da organização para se proteger contra potenciais fraudes, erros ou ineficiências.

Além disso, o reforço da governação e da conformidade pode ser um objetivo crítico da Auditoria Interna 4.0. As tecnologias digitais oferecem soluções de monitorização e comunicação mais precisas, ajudando a garantir que as políticas, os procedimentos e os regulamentos estão a ser devidamente seguidos. A recolha e análise de dados em tempo real fornece uma imagem mais completa do risco e do desempenho, permitindo que a organização actue rapidamente para resolver problemas antes que se tornem críticos.

Identificar os objectivos específicos da Auditoria Interna 4.0 é crucial para orientar as acções e iniciativas da organização na transformação digital. Estes incluem a utilização de tecnologias avançadas para melhorar a eficácia da auditoria, melhorar o desempenho do controlo interno e reforçar a governação e a conformidade. Estes objectivos definem o caminho para tirar o máximo partido das oportunidades oferecidas pela Auditoria Interna 4.0 e para alcançar os resultados desejados.

## Capítulo 2: Análise das necessidades e dos recursos

É essencial compreender as necessidades e os recursos disponíveis para a implementação da Auditoria Interna 4.0. Isto pode implicar a realização de uma análise do ambiente tecnológico existente, a avaliação das competências necessárias para utilizar as novas tecnologias e a identificação dos recursos financeiros e humanos necessários para implementar estas inovações.

A análise das necessidades e dos recursos é um passo essencial na implementação da Auditoria Interna 4.0. É essencial compreender as necessidades específicas da organização em termos de auditoria interna e avaliar os recursos disponíveis para implementar esta nova abordagem.

A primeira etapa desta análise consiste em efetuar uma avaliação do ambiente tecnológico existente na organização. Isto implica identificar os sistemas e ferramentas já existentes, bem como as suas capacidades e limitações. Isto ajudará a determinar se são necessárias actualizações ou investimentos adicionais para apoiar esta transição para a Auditoria Interna 4.0.

Ao mesmo tempo, é também importante avaliar as competências necessárias para utilizar eficazmente as novas tecnologias utilizadas na Auditoria Interna 4.0. Isto pode envolver a formação das equipas internas nas novas competências necessárias ou o recrutamento de pessoal que já domine estas tecnologias. Essa análise de habilidades garantirá que a organização tenha as pessoas certas para aproveitar os benefícios da Auditoria Interna 4.0.

Por último, é crucial identificar os recursos financeiros e humanos necessários para implementar esta nova abordagem da auditoria interna. Isso pode incluir o custo de aquisição ou desenvolvimento de novas tecnologias, bem como o investimento necessário em treinamento ou recrutamento de pessoal adicional. Uma análise aprofundada dos recursos financeiros e humanos ajudará a determinar se a organização dispõe dos meios necessários para concluir com êxito esta transição.

A análise das necessidades e dos recursos é um passo essencial na implementação da Auditoria Interna 4.0. Ajuda a compreender as necessidades específicas da organização, a avaliar o ambiente tecnológico existente, a determinar as competências necessárias e a identificar os recursos financeiros e humanos necessários para implementar esta nova abordagem à auditoria interna. Esta análise garantirá que a organização dispõe dos recursos necessários para tirar o máximo partido dos benefícios oferecidos pela Auditoria Interna 4.0.

## Capítulo 3: Definição do plano de ação

Uma vez identificados os objectivos e analisados os recursos, é altura de definir o plano de ação para a implementação da Auditoria Interna 4.0. Este plano deve incluir as acções específicas a implementar, os prazos para a sua conclusão e as responsabilidades atribuídas a cada membro da equipa.

A definição do plano de ação para a implementação da Auditoria Interna 4.0 é um passo fundamental para garantir o bom desenrolar do processo. Este plano deve ser elaborado tendo em conta os objectivos previamente estabelecidos e os recursos disponíveis.

Em primeiro lugar, é necessário identificar as acções específicas a implementar para atingir os objectivos definidos. Estas acções podem passar pela formação dos membros da equipa na utilização das novas tecnologias associadas à Auditoria 4.0, pela adaptação das ferramentas e metodologias tradicionais de auditoria às novas tecnologias, ou pela colaboração com outros departamentos da empresa na recolha dos dados necessários à auditoria.

Em seguida, é importante definir os prazos para cada ação. Deste modo, será possível estabelecer um calendário preciso, com prazos a cumprir, para garantir o bom desenrolar do projeto. É preferível fixar prazos realistas e exequíveis, tendo em conta as limitações de tempo e os recursos disponíveis.

As responsabilidades devem ser atribuídas a cada membro da equipa. A cada pessoa devem ser atribuídas tarefas específicas de acordo com as suas competências e áreas de especialização. Desta forma, garante-se uma distribuição equilibrada do trabalho e uma melhor coordenação da equipa.

Uma comunicação transparente e regular entre os membros da equipa será também essencial para garantir que o plano de ação é monitorizado e ajustado à medida que é implementado.

O plano de ação para a implementação da Auditoria Interna 4.0 deve incluir as ações específicas a serem implementadas, os prazos para conclusão e as responsabilidades atribuídas a cada membro da equipe. Uma vez que esse plano esteja bem definido, ele pode servir de guia durante todo o processo da Auditoria Interna 4.0.

## Capítulo 4: Formação do pessoal

A fim de assegurar uma transição bem sucedida para a Auditoria Interna 4.0, é imperativo proporcionar formação adequada ao pessoal para o familiarizar com as novas tecnologias e competências necessárias. Esta pode incluir a utilização de software de auditoria automatizado, análise de dados, cibersegurança e novas ferramentas de comunicação.

O software de auditoria automatizada tornou-se indispensável na Auditoria Interna 4.0, permitindo a automatização de certas tarefas repetitivas e a otimização dos processos. Por conseguinte, é essencial formar o pessoal na utilização destas ferramentas, a fim de acrescentar valor através da realização de tarefas de auditoria interna.

A análise de dados é também uma competência fundamental na Auditoria Interna 4.0. Os auditores têm de ser capazes de recolher, processar e analisar grandes quantidades de dados, a fim de identificar tendências, anomalias ou riscos potenciais. Por conseguinte, é importante proporcionar formação em novos métodos e técnicas de análise de dados, permitindo aos auditores tirar conclusões pertinentes das informações recolhidas.

A cibersegurança está a revelar-se uma questão importante na Auditoria Interna 4.0. Os auditores têm de ser sensibilizados para os riscos associados à segurança das TI, bem como para as medidas preventivas a adotar para garantir a proteção dos dados e dos sistemas. Pode ser ministrada formação específica para dar aos auditores os conhecimentos necessários sobre cibersegurança e permitir-lhes lidar com as ameaças presentes num ambiente digital.

Por último, as novas ferramentas de comunicação, como a videoconferência, desempenham um papel essencial na Auditoria Interna 4.0. Os auditores têm de ser capazes de comunicar eficazmente à distância, seja com membros da equipa, clientes ou partes interessadas. Por conseguinte, é crucial formar o pessoal na utilização destas ferramentas de comunicação modernas, a fim de facilitar os intercâmbios e manter uma colaboração fluida e eficaz.

Para fazer uma transição bem sucedida para a Auditoria Interna 4.0, é essencial formar o pessoal nas novas tecnologias e competências necessárias. A formação em software de auditoria automatizada, análise de dados, cibersegurança e novas ferramentas de comunicação desempenha um papel crucial na adaptação dos auditores ao sector em mudança. Isto permitirá que os profissionais de auditoria interna se adaptem às exigências da tecnologia digital e ofereçam serviços de alta qualidade neste domínio em constante evolução.

## Capítulo 5: Implementação de novas tecnologias

Uma vez que a equipe tenha sido treinada, é hora de implementar as novas tecnologias necessárias para a Auditoria Interna 4.0. Isto pode incluir a adoção de ferramentas para automatizar tarefas manuais, software avançado de análise de dados ou dispositivos de recolha de dados em tempo real.

A implementação de novas tecnologias é um passo crucial na transformação da auditoria interna para a versão 4.0. Depois de o pessoal ter sido devidamente formado, é necessário criar as ferramentas e o equipamento necessários para apoiar esta evolução.

Um dos primeiros passos a dar é a adoção de ferramentas para automatizar as tarefas manuais. Estas ferramentas reduzem o tempo e o esforço necessários para recolher, processar e analisar dados. Automatizam também as tarefas repetitivas, libertando tempo para se concentrarem em actividades de maior valor acrescentado. Por exemplo, automatizar a recolha de dados financeiros significa que pode obter de forma rápida e precisa as informações necessárias para efetuar as análises relevantes.

Para além da automatização, a utilização de software avançado de análise de dados é também essencial na Auditoria Interna 4.0. Este software permite que grandes volumes de dados sejam analisados de forma eficiente e exacta. Utilizam frequentemente algoritmos sofisticados para detetar padrões, anomalias e tendências ocultas nos dados. Isto permite aos auditores internos aumentar o valor acrescentado das missões de auditoria interna.

Além disso, os dispositivos de recolha de dados em tempo real são cada vez mais utilizados na Auditoria Interna 4.0. Estes dispositivos permitem recolher dados em tempo real de várias fontes, como os sistemas de TI da empresa, as redes sociais ou objectos ligados. Graças a esta recolha de dados em tempo real, os auditores podem ter uma visão em tempo real da situação da empresa, o que lhes permite agir rápida e eficazmente para resolver quaisquer problemas identificados.

Em suma, a implementação de novas tecnologias na Auditoria Interna 4.0 é conseguida através da adoção de ferramentas para automatizar tarefas manuais, software avançado de análise de dados e dispositivos de recolha de dados em tempo real. Estas tecnologias melhoram a eficiência, a precisão e a relevância das auditorias internas, ajudando a reforçar o papel da auditoria interna como um parceiro estratégico dentro da empresa.

## Capítulo 6: Avaliação e melhoria contínua

Uma vez implementada a Auditoria Interna 4.0, é importante avaliar regularmente a sua eficácia e melhorá-la continuamente. Isto pode incluir revisões periódicas dos processos e ferramentas utilizados, avaliações da conformidade regulamentar ou ajustamentos em função das novas tecnologias disponíveis no mercado.

A avaliação e a melhoria contínua são elementos essenciais na implementação da Auditoria Interna 4.0. Uma vez implementado o sistema, é essencial monitorizá-lo regularmente para garantir a sua eficácia e tomar as medidas necessárias para o melhorar.

Isto pode ser feito através de revisões periódicas dos processos e instrumentos utilizados na auditoria interna. Estas análises ajudam a identificar os pontos fracos e as oportunidades de melhoria. Por exemplo, se um processo se revelar ineficaz ou se uma ferramenta não estiver a satisfazer as necessidades dos auditores, podem ser feitos ajustamentos para otimizar a sua utilização.

A avaliação da conformidade regulamentar é outro aspeto importante da avaliação contínua da Auditoria Interna 4.0. Os regulamentos e as normas estão em constante evolução e é essencial garantir que a auditoria interna esteja em conformidade com esses requisitos. Por conseguinte, devem ser efectuadas avaliações regulares da conformidade para identificar quaisquer lacunas e tomar as medidas necessárias para as colmatar.

Além disso, a melhoria contínua da auditoria interna pode também ser influenciada pelas novas tecnologias disponíveis no mercado. As tecnologias em rápida evolução podem proporcionar novas oportunidades para melhorar a eficácia e a eficiência da auditoria interna. Por conseguinte, é importante manter-se a par dos últimos avanços tecnológicos e avaliar regularmente se as novas ferramentas ou sistemas podem ser integrados para melhorar os processos e resultados da auditoria interna.

Em última análise, a avaliação e a melhoria contínua são passos essenciais na implementação da Auditoria Interna 4.0. Isto inclui a revisão regular dos processos e ferramentas, a avaliação da conformidade regulamentar e a adaptação às novas tecnologias. Ao fazer estas avaliações e ajustes regulares, a auditoria interna pode garantir que é relevante, eficaz e está alinhada com os objectivos da organização.

## Capítulo 7: Aplicação do seguimento dado às recomendações da auditoria interna 4.0

A implementação do seguimento das recomendações da Auditoria Interna 4.0 requer algumas etapas fundamentais: identificação das recomendações, atribuição de responsabilidades, planeamento da implementação, acompanhamento regular e avaliação dos resultados.

## 1. Identificação das recomendações

Antes de mais, é essencial identificar todas as recomendações resultantes da Auditoria Interna 4.0. Estas recomendações podem dizer respeito a diferentes domínios, como os processos operacionais, a gestão do risco, a conformidade, etc. É importante dispor de uma lista exaustiva de recomendações para poder dar-lhes um seguimento eficaz.

## 2. Atribuição de responsabilidades

Uma vez identificadas as recomendações, devem ser atribuídas responsabilidades claras a cada recomendação. Isto significa designar uma pessoa ou equipa responsável pela implementação de cada recomendação e pelo acompanhamento dos seus progressos. É igualmente importante envolver os intervenientes relevantes para garantir uma responsabilidade partilhada.

## 3. Planeamento da implementação

Uma vez atribuídas as responsabilidades, deve ser elaborado um plano de execução para cada recomendação. Este plano deve ter em conta as limitações de tempo, os recursos necessários e as medidas a tomar para atingir os objectivos fixados. Um planeamento realista e pormenorizado é essencial para garantir uma aplicação eficaz.

## 4. Controlo regular

Uma vez iniciada a implementação, é importante estabelecer um controlo regular de cada recomendação. Este acompanhamento pode ser efectuado através de reuniões regulares, relatórios de progresso ou da utilização de ferramentas de acompanhamento específicas. O acompanhamento regular garante que as recomendações são tidas em conta e que as acções necessárias são executadas.

**5. Avaliação dos resultados**

Depois de todas as recomendações terem sido implementadas, é importante avaliar os resultados alcançados. Tal pode ser efectuado através de uma avaliação interna ou externa, como uma nova auditoria ou uma análise por entidades externas. A avaliação dos resultados permite medir a eficácia das medidas tomadas e identificar eventuais melhorias a introduzir.

A implementação do acompanhamento das recomendações da Auditoria Interna 4.0 implica a identificação das recomendações, a atribuição de responsabilidades, o planeamento da implementação, o acompanhamento regular e a avaliação dos resultados. Estas etapas garantem que as recomendações são geridas de forma eficaz e que são tidas em conta para melhorar os processos e o desempenho da organização.

Seguindo esta abordagem, a sua organização deverá ser capaz de implementar com êxito a Auditoria Interna 4.0 e colher os benefícios que esta pode trazer em termos de eficiência, desempenho e governação.

*"A Auditoria Interna 4.0 oferece muitos benefícios em termos de melhoria da eficiência e da qualidade da auditoria interna."*

# $4^{ème}$ PARTE: VANTAGENS E DESVANTAGENS DA AUDITORIA INTERNA 4.0

# 4ème PARTE: VANTAGENS E DESVANTAGENS DA AUDITORIA INTERNA 4.0

## Capítulo 1: Benefícios da Auditoria Interna 4.0

As vantagens da Auditoria Interna 4.0 incluem tecnologia avançada, automatização de tarefas repetitivas, acesso em tempo real aos dados e maior precisão.

### 1. Tecnologia avançada

A Auditoria Interna 4.0 utiliza as tecnologias mais recentes, como a inteligência artificial, a automatização de processos robóticos e a análise de dados, para melhorar a qualidade e a eficiência da auditoria interna.

### 2. Automatização de tarefas repetitivas

As tarefas manuais e repetitivas, como a recolha e análise de dados, podem ser automatizadas, permitindo que os auditores internos se concentrem em tarefas de maior valor acrescentado.

### 3. Acesso aos dados em tempo real

O Internal Audit 4.0 dá aos auditores internos acesso a dados em tempo real, permitindo-lhes tomar decisões mais rápidas e informadas.

### 4. Precisão melhorada

As tecnologias avançadas utilizadas na Auditoria Interna 4.0 melhoram a exatidão da auditoria, reduzindo o erro humano.

## Capítulo 2: Desvantagens da Auditoria Interna 4.0

As desvantagens da Auditoria Interna 4.0 são: custo elevado, riscos de segurança, dependência da tecnologia e necessidade de competências técnicas.

### 1. Custo elevado

A implementação da Auditoria Interna 4.0 pode exigir um investimento significativo em tecnologia e formação para os auditores internos.

### 2. Riscos de segurança

A utilização de tecnologias avançadas pode também apresentar riscos de segurança, como a cibercriminalidade ou a divulgação de informações e dados confidenciais.

### 3. Dependência da tecnologia

A Auditoria Interna 4.0 está fortemente dependente da tecnologia, o que pode colocar problemas em caso de falha ou mau funcionamento do sistema.

## 4. Necessidade de competências técnicas

A Auditoria Interna 4.0 exige que os auditores internos tenham competências em tecnologias avançadas, o que pode exigir formação adicional e esforços de recrutamento.

A Auditoria Interna 4.0 tem muitos benefícios em termos de melhoria da eficiência e da qualidade da auditoria interna, mas também traz riscos e desafios, como custos elevados e questões de segurança. É importante que as organizações ponderem cuidadosamente estas vantagens e desvantagens antes de implementarem a Auditoria Interna 4.0.

*"É de notar que a introdução da IA na auditoria interna também levanta desafios, como a avaliação da validade e fiabilidade dos resultados gerados pelos sistemas de IA."*

# 5ème PARTE: O IMPACTO DA INTELIGÊNCIA ARTIFICIAL NA AUDITORIA INTERNA

# 5ème PARTE: IMPACTO DA INTELIGÊNCIA ARTIFICIAL NA AUDITORIA INTERNA

A inteligência artificial (IA) tem um impacto significativo na auditoria interna. Pode influenciar a função de várias formas, incluindo a automatização de tarefas repetitivas, a análise de grandes volumes de dados, a deteção de fraudes, a melhoria dos procedimentos de auditoria e o reforço da conformidade regulamentar.

## Capítulo 1: Automatizar tarefas repetitivas

A IA pode automatizar muitas tarefas manuais e repetitivas realizadas pelos auditores internos, como a recolha e análise de dados, a criação de relatórios e a verificação de processos. Isto permite que os auditores se concentrem em tarefas de maior valor acrescentado que exigem pensamento crítico.

Utilizando algoritmos de aprendizagem automática, a IA pode identificar rapidamente padrões e anomalias nos dados, acelerando o processo de auditoria e reduzindo o risco de erro humano. Além disso, a IA pode ser utilizada para monitorizar continuamente processos e transacções, detectando rapidamente qualquer atividade suspeita ou que não esteja em conformidade com as políticas da empresa.

Ao automatizar estas tarefas repetitivas, a IA também permite que os auditores internos poupem tempo e aumentem a sua eficiência. Isto dá-lhes a oportunidade de dedicar mais tempo à análise e à tomada de decisões estratégicas, ajudando a melhorar o desempenho global da empresa.

No entanto, é importante notar que a automatização de tarefas não substitui o papel dos auditores internos, mas antes os ajuda, fornecendo dados e análises mais fiáveis e precisos. Desta forma, a IA pode melhorar a qualidade das auditorias internas e contribuir para uma melhor gestão do risco na organização.

## Capítulo 2: Analisar grandes volumes de dados

A IA pode facilitar a análise de grandes quantidades de dados gerados pelos sistemas de informação das organizações. Pode identificar tendências e anomalias, permitindo aos auditores internos identificar mais rapidamente os riscos e as deficiências dos controlos internos.

Por exemplo, utilizando técnicas de aprendizagem automática, a IA pode analisar as transacções financeiras de uma empresa para detetar padrões invulgares ou fraudulentos. Pode também examinar dados operacionais para identificar potenciais ineficiências ou erros.

Além disso, a IA pode ajudar a automatizar determinadas tarefas de análise de dados, permitindo que os auditores internos dediquem o seu tempo a actividades de maior valor acrescentado, como a análise de riscos e a recomendação de soluções.

Por último, a IA também pode ser utilizada para prever acontecimentos futuros através da análise de dados passados. Por exemplo, ao examinar as tendências históricas de vendas de uma empresa, a IA pode prever as vendas futuras e ajudar a organização a tomar decisões informadas de planeamento e orçamentação.

A IA pode trazer muitos benefícios à análise de grandes volumes de dados na auditoria interna, permitindo uma identificação mais rápida dos riscos e das deficiências dos controlos internos, automatizando certas tarefas de análise de dados e ajudando a prever acontecimentos futuros. A sua utilização pode, por conseguinte, ajudar a melhorar a eficácia e a eficiência dos processos de auditoria interna.

## Capítulo 3: Deteção de fraudes

A IA pode ser utilizada para detetar fraudes dentro de uma organização, analisando padrões de comportamento e anomalias nas transacções financeiras. Pode também ajudar a identificar potenciais riscos de fraude, examinando as relações entre empregados, fornecedores e clientes.

Por exemplo, um retalhista em linha pode utilizar a IA para detetar comportamentos fraudulentos, como a utilização de cartões de crédito roubados ou a criação de várias contas para tirar partido de promoções. Ao analisar os dados das transacções e comparar os padrões de comportamento dos utilizadores, a IA pode detetar transacções suspeitas e alertar as equipas de segurança da empresa.

Do mesmo modo, no sector da saúde, a IA pode ser utilizada para detetar fraudes relacionadas com faturação indevida ou prescrições médicas fraudulentas. Ao analisar dados de pacientes, médicos e prestadores de cuidados de saúde, a IA pode identificar padrões anómalos e potenciais fraudes.

Por último, no domínio dos seguros, a IA pode ser utilizada para detetar fraudes relacionadas com pedidos de indemnização exagerados ou fraudulentos. Analisando os ficheiros de sinistros e comparando as informações com bases de dados externas, a IA pode identificar casos suspeitos e ajudar as seguradoras a tomar as medidas adequadas.

A IA pode desempenhar um papel crucial na deteção de fraudes, analisando proactivamente os dados e identificando padrões e comportamentos suspeitos. Isto permite às empresas e organizações prevenir eficazmente a fraude e proteger os seus activos e reputação.

## Capítulo 4: Melhorar os procedimentos de auditoria

A IA pode melhorar os procedimentos de auditoria, identificando áreas de alto risco e sugerindo abordagens de teste mais eficazes. Pode também ajudar a automatizar a criação de programas de trabalho de auditoria e a gerir prazos e recursos.

Utilizando a IA, os auditores podem automatizar a recolha e a análise de dados, reduzindo as tarefas manuais e minimizando o risco de erros. Por exemplo, as ferramentas de IA podem ser utilizadas para analisar grandes quantidades de dados financeiros e identificar rapidamente transacções suspeitas.

Além disso, a IA pode ser utilizada para melhorar a deteção de fraudes, identificando padrões invulgares ou comportamentos fraudulentos. Os algoritmos de IA podem analisar dados financeiros e compará-los com modelos preditivos para detetar sinais de fraude. Isto permite que os auditores se concentrem nas transacções mais suspeitas e optimizem os seus recursos.

Por último, a IA pode também ajudar a melhorar a comunicação entre os auditores e os seus clientes. As ferramentas de mensagens automatizadas podem ser utilizadas para enviar lembretes aos clientes sobre documentos ou prazos em falta. Isto garante um processo de auditoria suave e eficiente.

A IA oferece muitas oportunidades para melhorar os procedimentos de auditoria, identificando riscos, automatizando tarefas e melhorando a comunicação. Os auditores que incorporam estas tecnologias nas suas práticas podem aumentar a eficiência e a exatidão, reduzindo simultaneamente os riscos associados ao erro humano.

## Capítulo 5: Reforçar o cumprimento da regulamentação

A IA pode ajudar os auditores internos a garantir que a organização cumpre os regulamentos e normas aplicáveis, fornecendo informações em tempo real sobre os riscos de não conformidade e facilitando a recolha de provas para as auditorias.

Utilizando a IA, os auditores internos podem automatizar o acompanhamento das alterações regulamentares e das actualizações das normas, permitindo-lhes manter-se constantemente a par dos requisitos actuais. Além disso, a IA pode ajudar a analisar os processos e controlos internos para identificar potenciais lacunas de conformidade e recomendar acções correctivas.

Ao utilizar a IA para analisar grandes quantidades de dados, os auditores internos podem também detetar mais facilmente anomalias e tendências que possam indicar incumprimento regulamentar. Além disso, a IA pode facilitar a recolha, organização e análise das provas necessárias para validar a conformidade da organização.

Ao reforçar a conformidade regulamentar, os auditores internos podem ajudar a organização a evitar sanções financeiras e consequências negativas para a sua reputação. Além disso, ao garantir que os processos e controlos internos cumprem as normas aplicáveis, os auditores internos ajudam a reduzir os riscos operacionais e financeiros para a organização.

A utilização da IA pelos auditores internos pode melhorar a sua eficiência e a sua capacidade de garantir a conformidade com os regulamentos e normas aplicáveis. Utilizando a IA, os auditores internos podem identificar e abordar melhor os riscos de conformidade, permitindo que a organização funcione de forma mais fiável e em conformidade com os requisitos legais e regulamentares aplicáveis.

No entanto, é de notar que a introdução da IA na auditoria interna também levanta desafios. Estes incluem a necessidade de formar os auditores internos na utilização da IA, proteger a confidencialidade dos dados e avaliar a validade e a fiabilidade dos resultados gerados pelos sistemas de IA.

*"A Auditoria Interna 4.0 acrescenta valor às organizações, tirando partido dos mais recentes avanços tecnológicos e utilizando ferramentas e técnicas de auditoria mais avançadas."*

# 6ème PARTE: VALOR ACRESCENTADO DA AUDITORIA INTERNA 4.0

# 6ème PARTE: VALOR ACRESCENTADO DA AUDITORIA INTERNA 4.0

A Auditoria Interna 4.0 acrescenta valor às organizações, tirando partido dos mais recentes avanços tecnológicos e utilizando ferramentas e técnicas de auditoria mais avançadas. Entre os exemplos do valor acrescentado da Auditoria Interna 4.0 contam-se o aumento da eficiência, a identificação proactiva dos riscos, o aprofundamento dos conhecimentos, a auditoria baseada no risco e a melhoria da colaboração e da comunicação.

A Auditoria Interna 4.0 traz um valor acrescentado significativo às organizações através da utilização de tecnologias avançadas, como a inteligência artificial, a automatização de processos robóticos, a análise de dados e a exploração de Big Data.

## Capítulo 1: Principais contributos da Auditoria Interna 4.0

Os principais contributos da Auditoria Interna 4.0 são os seguintes: melhoria da eficácia e eficiência da auditoria, deteção precoce de fraudes e riscos, reforço da governação e do controlo interno, tomada de decisões com base em provas, adaptação às mudanças tecnológicas e ambientais, etc.

### 1. Melhorar a eficácia e a eficiência da auditoria

As tecnologias avançadas permitem a automatização de tarefas de rotina, a análise de dados complexos num curto espaço de tempo e a redução dos erros humanos. Isto permite que a auditoria interna se concentre em actividades de maior valor acrescentado, como a identificação de riscos estratégicos, a avaliação da governação e dos controlos internos e a formulação de recomendações de melhoria.

**2. Deteção precoce de fraudes e riscos**

As tecnologias de análise de dados e de inteligência artificial permitem a rápida deteção de anomalias e padrões suspeitos nos dados financeiros e operacionais. Isto ajuda os auditores internos a identificar potenciais fraudes, transacções não conformes e riscos emergentes, permitindo às organizações tomar medidas proactivas para os mitigar.

**3. Reforçar a governação e o controlo interno**

A Auditoria Interna 4.0 fornece uma avaliação mais aprofundada da governação e dos controlos internos, utilizando técnicas avançadas de análise de dados e ferramentas automatizadas. Esta avaliação destaca potenciais pontos fracos e fornece recomendações para os reforçar, ajudando a melhorar a transparência, a responsabilidade e a conformidade geral da organização.

**4. Tomada de decisões com base em provas**

O Internal Audit 4.0 permite recolher, analisar e visualizar grandes volumes de dados provenientes de diferentes fontes. Isto facilita a tomada de decisões informadas por parte dos auditores internos e da gestão da organização, fornecendo informações relevantes e fiáveis. Além disso, as ferramentas de visualização de dados ajudam a comunicar eficazmente os resultados da auditoria às partes interessadas relevantes.

## 5. Adaptação às mudanças tecnológicas e ambientais

A Auditoria Interna 4.0 permite que as organizações se adaptem às rápidas mudanças tecnológicas e aos ambientes dinâmicos. Os auditores internos podem monitorizar os riscos e oportunidades emergentes relacionados com as novas tecnologias, como a automatização, a Internet das Coisas, a inteligência artificial, a cibersegurança e muito mais. Isto permite que a organização tome medidas rápidas para mitigar os riscos e explorar as oportunidades.

A Auditoria Interna 4.0 acrescenta valor em termos de eficiência, deteção de fraudes, reforço da governação, tomada de decisões com base em provas e adaptação às mudanças tecnológicas e ambientais. Isto permite às organizações gerir melhor os seus riscos, melhorar o seu desempenho e criar confiança junto das suas partes interessadas.

# Capítulo 2: Valor acrescentado da Auditoria Interna 4.0

## 1. Aumento da eficiência

A Auditoria Interna 4.0 utiliza ferramentas e tecnologias automatizadas, como a inteligência artificial, a análise de dados e a robótica, para melhorar a eficiência dos processos de auditoria. Isto aumenta a eficiência das equipas de auditoria, reduzindo o tempo necessário para recolher, analisar e interpretar dados e para realizar trabalhos repetitivos.

## 2. Identificação proactiva de riscos

A Auditoria Interna 4.0 utiliza técnicas de análise avançadas para identificar e avaliar os riscos de forma mais proactiva. Utiliza também tecnologias de monitorização contínua para detetar rapidamente alterações no ambiente empresarial e riscos emergentes.

## 3. Informações mais aprofundadas

A Auditoria Interna 4.0 fornece conhecimentos mais profundos através da análise avançada de dados. Os auditores podem utilizar técnicas de extração de dados para identificar padrões, tendências e anomalias ocultas nos dados, que podem fornecer informações valiosas sobre as operações e os processos da organização.

## 4. Auditoria baseada no risco

A Auditoria Interna 4.0 centra-se nos riscos que são críticos para a organização. Utiliza técnicas de análise de risco para identificar áreas de alto risco e determinar onde é necessária uma atenção especial. Isto permite que os recursos de auditoria sejam afectados de forma mais eficaz.

## 5. Melhoria da colaboração e da comunicação

O Internal Audit 4.0 facilita a colaboração entre os auditores e outras partes interessadas da organização, utilizando ferramentas de colaboração em linha. Permite também uma comunicação mais transparente e eficaz dos resultados da auditoria através de relatórios interactivos e visuais.

A Auditoria Interna 4.0 acrescenta valor ao melhorar a eficiência, ao permitir a identificação proactiva dos riscos, ao fornecer conhecimentos mais profundos, ao concentrar-se nos riscos críticos e ao promover a colaboração e a comunicação.

*"A implementação da Auditoria Interna 4.0 é um fator inegável no aumento do número de missões de auditoria realizadas e na relevância dos resultados do trabalho realizado pelas equipas de auditoria interna.*

# 7$^{ème}$ PARTE: EXEMPLOS PRÁTICOS DE IMPLEMENTAÇÃO DA AUDITORIA INTERNA 4.0

# 7ème PARTE: EXEMPLOS PRÁTICOS DE IMPLEMENTAÇÃO DA AUDITORIA INTERNA 4.0

## Capítulo 1: Histórias e estudos de casos da implementação da Auditoria Interna 4.0

### 1. História da AGRO BEST INDUSTRIES

A história da implementação da Auditoria Interna 4.0 no grupo industrial AGRO BEST INDUSTRIES é um exemplo fascinante da evolução dos métodos de auditoria e da sua utilização para melhorar o desempenho e a eficiência global da empresa.

A AGRO BEST INDUSTRIES é um grupo industrial especializado na produção e distribuição de alimentos para animais. Com várias filiais em todo o mundo, a empresa apercebeu-se da importância de melhorar o seu processo de auditoria interna para melhor responder aos desafios da economia global e da Indústria 4.0.

Como parte desta evolução, a AGRO BEST INDUSTRIES decidiu implementar a Auditoria Interna 4.0, uma nova abordagem baseada na utilização de tecnologias avançadas como a inteligência artificial, a Internet das Coisas e a automatização de processos. O objetivo era tornar a auditoria interna mais eficiente, mais rápida e mais precisa, permitindo simultaneamente uma melhor análise dos dados e uma tomada de decisões mais informada.

Para tornar esta visão uma realidade, a AGRO BEST INDUSTRIES criou uma equipa dedicada à implementação da Auditoria Interna 4.0. Esta equipa era composta por especialistas em auditoria, tecnologias da informação e gestão de dados. Trabalhou em estreita colaboração com as filiais SENTOZ e FREIZ para implementar os novos métodos de auditoria interna.

Uma das primeiras etapas deste processo foi a integração de sensores de dados e dispositivos conectados nos locais de produção das filiais. Estes sensores foram responsáveis pela recolha de dados em tempo real sobre o desempenho do processo de produção, os níveis de qualidade e outros indicadores-chave. Estes dados foram depois transmitidos a uma plataforma de análise de dados baseada em inteligência artificial.

Graças a esta tecnologia avançada, a equipa de auditoria interna pôde acompanhar o desempenho das filiais de forma contínua e em tempo real. Puderam detetar rapidamente quaisquer problemas ou disfunções e tomar medidas correctivas imediatas.

Além disso, a plataforma de análise de dados utilizada para a Auditoria Interna 4.0 permitiu uma análise mais aprofundada do desempenho das filiais. Permitiu detetar tendências, identificar áreas de melhoria e avaliar a eficácia das medidas correctivas aplicadas.

Graças à Auditoria Interna 4.0, a AGRO BEST INDUSTRIES conseguiu melhorar a qualidade dos seus processos de produção, reduzir os custos de produção e aumentar a produtividade. As filiais SENTOZ e FREIZ também beneficiaram desta abordagem inovadora da auditoria interna, optimizando o seu desempenho e garantindo a qualidade dos seus produtos.

A história da implementação da Auditoria Interna 4.0 no grupo AGRO BEST INDUSTRIES e da sua utilização nas filiais SENTOZ e FREIZ ilustra a importância da adaptação às novas tecnologias para melhorar o desempenho e a eficiência de uma empresa. A integração da inteligência artificial, da Internet das coisas e da automatização dos processos na auditoria interna permitiu à AGRO BEST INDUSTRIES gerir melhor os seus processos de produção e otimizar os seus resultados.

## 2. História da DISTRINFO

A história da implementação da Auditoria Interna 4.0 pela DISTRINFO, distribuidora de hardware informático, começa com a constante evolução do sector tecnológico. Ao longo dos anos, os avanços tecnológicos tornaram os processos da empresa cada vez mais complexos e inovadores. Este facto levou também ao aparecimento de novos riscos e desafios para as empresas, incluindo a DISTRINFO.

A DISTRINFO é uma empresa de distribuição de material informático que existe há vários anos. Ao longo do tempo, tem crescido significativamente, tanto em termos de base de clientes como de alcance geográfico. No entanto, esta expansão conduziu também a um aumento dos riscos potenciais e das oportunidades de fraude e abuso.

Para fazer face a estes novos desafios, a DISTRINFO decidiu rever as suas práticas de controlo interno e implementar uma auditoria interna mais rigorosa. O objetivo era identificar, avaliar e atenuar melhor os riscos inerentes às suas actividades.

A direção da DISTRINFO apercebeu-se de que os métodos tradicionais de auditoria interna já não estavam adaptados ao ambiente tecnológico atual. Era necessário modernizar e digitalizar os processos de auditoria para melhorar a gestão dos riscos. Foi assim que nasceu o conceito de Auditoria Interna 4.0.

A Auditoria Interna 4.0 baseia-se na utilização de tecnologias como a inteligência artificial, a automatização de tarefas, a análise e a visualização de dados. Estas ferramentas permitem a recolha e análise de grandes quantidades de dados em tempo real, proporcionando uma maior visibilidade dos riscos potenciais.

Por conseguinte, a DISTRINFO investiu no software de Auditoria Interna 4.0, bem como na formação e no desenvolvimento de competências da sua equipa de auditoria interna. Os auditores internos foram formados na utilização de novas tecnologias e na análise de dados para melhor identificar os riscos emergentes e desenvolver estratégias adequadas para os atenuar.

Quando a DISTRINFO implementou a Auditoria Interna 4.0, a empresa viu vários benefícios. Os processos de auditoria tornaram-se mais rápidos, mais precisos e mais completos graças à automatização de tarefas repetitivas e à análise de dados em tempo real. Os auditores internos passaram a ser mais capazes de detetar anomalias e indicadores de fraude, o que lhes permitiu intervir mais rapidamente para as evitar ou impedir.

A Auditoria Interna 4.0 também permitiu à DISTRINFO melhorar a sua comunicação e colaboração com outros departamentos da empresa. Os dados recolhidos durante as auditorias foram partilhados com as várias equipas, permitindo-lhes tomar decisões mais informadas e implementar acções correctivas mais rapidamente.

A implementação da Auditoria Interna 4.0 no distribuidor de hardware de TI DISTRINFO foi um passo crucial para uma melhor gestão do risco e melhores práticas de controlo interno. Esta evolução tecnológica permitiu à empresa manter-se competitiva num ambiente em constante mudança e proteger melhor os seus activos e a sua reputação.

## 3. História sobre a apresentação dos resultados da implementação da Auditoria Interna 4.0 nas filiais do grupo automóvel FIRST AUTOMOTIVE

Esta história passa-se na sala de conferências do grupo automóvel FIRST AUTOMOTIVE. Thomas, o Diretor de Auditoria Interna do Grupo, apresenta os resultados do trabalho de implementação da Auditoria Interna 4.0. Ele diz: "Bom dia a todos, temos o prazer de vos apresentar hoje os resultados da implementação da Auditoria Interna 4.0 para auditar as filiais do grupo automóvel FIRST AUTOMOTIVE.

Antes de mais, gostaríamos de relembrar os objectivos desta nova abordagem à auditoria interna. Com o aparecimento de novas tecnologias, como a inteligência artificial, a automatização de processos e a análise de dados em tempo real, era essencial que o Grupo FIRST

AUTOMOTIVE se adaptasse a estes desenvolvimentos. A Auditoria Interna 4.0 permite utilizar estas novas tecnologias para melhorar a eficiência, reduzir os riscos e aumentar o valor acrescentado das equipas de auditoria interna.

No que diz respeito à implementação da Auditoria Interna 4.0 nas filiais, temos o prazer de anunciar que o processo decorreu sem problemas. As equipas de auditoria interna receberam formação em novas tecnologias e novas metodologias de auditoria interna para garantir o impacto deste projeto de Auditoria Interna 4.0.

Graças à utilização de ferramentas de automatização de tarefas, as equipas de auditoria interna puderam poupar tempo precioso na recolha e análise de dados. Isto permitiu-lhes aumentar a sua capacidade de auditoria, realizando um maior número de tarefas, e alargar o âmbito dos testes de auditoria. Além disso, estas ferramentas permitiram-lhes detetar mais rapidamente anomalias e riscos potenciais, permitindo-lhes antecipar medidas preventivas adequadas.

A utilização da inteligência artificial na execução das missões de auditoria permitiu à equipa de auditoria interna acrescentar valor ao Grupo através da pertinência das suas recomendações. Ao analisar conjuntos de dados maiores e mais complexos, as equipas de auditoria interna conseguem identificar tendências e correlações. Este facto permitiu-lhes fazer recomendações pertinentes às filiais.

Por fim, gostaríamos de destacar a redução de custos da implementação da Auditoria Interna 4.0. Ao automatizar certas tarefas repetitivas, as equipas de auditoria interna puderam reafectar os seus recursos humanos a actividades de maior valor acrescentado. Este facto conduziu igualmente a uma redução dos custos de pessoal, melhorando simultaneamente o impacto global das missões de auditoria interna no reforço do sistema de controlo interno do Grupo.

A implementação da Auditoria Interna 4.0 nas filiais de auditoria foi um êxito. As novas tecnologias utilizadas aumentaram a capacidade de auditoria interna, melhoraram a pertinência das recomendações e reduziram o custo das missões de auditoria interna. Gostaríamos de agradecer a todas as equipas que participaram neste projeto e o tornaram possível.

## 4. Estudo de caso: Auditoria 4.0 numa empresa de fabrico

Numa empresa de fabrico especializada na produção de peças para automóveis, a introdução da Auditoria 4.0 permitiu otimizar os processos de produção através da integração de tecnologias como a Internet das Coisas (IoT), a inteligência artificial e a realidade aumentada.

Graças a estas inovações, a empresa pôde recolher e analisar dados em tempo real sobre o desempenho das suas máquinas, a qualidade dos seus produtos e a produtividade dos seus empregados.

A auditoria 4.0 permitiu à empresa identificar rapidamente as fontes de ineficiência, otimizar os fluxos de produção e reduzir os custos de manutenção. Graças a esta abordagem inovadora, a empresa conseguiu aumentar a sua competitividade no mercado e acelerar o seu desenvolvimento.

## 5. Estudo de caso: Auditoria 4.0 numa empresa de serviços

Numa empresa de serviços especializada no sector da logística, a Auditoria 4.0 foi utilizada para melhorar a gestão de stocks, o planeamento de rotas e a capacidade de resposta aos pedidos dos clientes.

Ao integrar tecnologias como sensores ligados, drones de entrega e software de gestão de dados, a empresa conseguiu otimizar a rastreabilidade dos produtos, reduzir os prazos de entrega e melhorar a satisfação dos clientes.

A auditoria 4.0 permitiu que a empresa de serviços se diferenciasse da concorrência, atraísse novos clientes e reforçasse a sua posição no mercado.

## 6. Estudo de caso: Auditoria 4.0 numa empresa de distribuição

Numa empresa de distribuição especializada na comercialização de produtos alimentares, a Auditoria 4.0 foi implementada para melhorar a gestão de stocks, a previsão de vendas e a personalização da experiência do cliente.

Ao utilizar tecnologias como a cadeia de blocos, a análise preditiva e os chatbots, a empresa conseguiu otimizar a gestão dos seus fornecimentos, antecipar as flutuações da procura e propor ofertas personalizadas aos seus clientes.

A auditoria 4.0 permitiu à empresa de distribuição aumentar a sua rentabilidade, fidelizar os seus clientes e posicionar-se como um ator inovador no mercado.

## Capítulo 2: Estudos de caso

A Auditoria Interna 4.0 é uma evolução da auditoria interna tradicional que integra novas tecnologias e ferramentas digitais no processo de auditoria.

### 1. Melhores práticas para a implementação de uma auditoria interna 4.0

As melhores práticas para implementar a Auditoria Interna 4.0 incluem a formação de auditores internos, a utilização de ferramentas de análise de dados, a automatização dos processos de auditoria, a colaboração com outros departamentos e a integração da inteligência artificial.

#### 1.1 Formação de auditores

É importante formar os auditores em novas tecnologias e ferramentas digitais para que possam utilizá-las eficazmente no seu trabalho. Tal pode incluir formação na utilização de software de auditoria assistida por computador, formação em análise de dados e formação em novas tecnologias, como a inteligência artificial e a automatização de processos.

## 1.2 Utilização de ferramentas de análise de dados

A Auditoria Interna 4.0 baseia-se na análise de dados para identificar anomalias e riscos. Por conseguinte, é importante criar ferramentas de análise de dados de elevado desempenho que permitam aos auditores analisar rapidamente grandes quantidades de dados. Estas ferramentas podem também ser utilizadas para efetuar testes de conformidade automáticos.

## 1.3 Automatização do processo de auditoria

A implementação da Auditoria Interna 4.0 permite automatizar determinadas tarefas de auditoria manuais e repetitivas. Isto poupa tempo e melhora a eficiência da auditoria. Por exemplo, a automatização pode ser utilizada para recolher dados de diferentes sistemas, efetuar testes de conformidade automáticos e gerar relatórios de auditoria.

## 1.4 Trabalhar com outros departamentos

A Auditoria Interna 4.0 implica uma colaboração estreita com outros departamentos da empresa, como as equipas de TI e de gestão do risco. É importante estabelecer canais de comunicação e colaboração eficazes para facilitar a recolha de informações e a partilha dos resultados da auditoria.

## 1.5 Integração da Inteligência Artificial

A inteligência artificial pode ser utilizada na auditoria interna para melhorar a qualidade do trabalho de auditoria. Por exemplo, pode ser utilizada para analisar dados não estruturados, como correio eletrónico e documentos contratuais, para detetar padrões e tendências ocultos.

Ao implementar estas melhores práticas, as empresas podem colher os benefícios da Auditoria Interna 4.0, tais como uma maior eficiência, uma identificação mais rápida dos riscos e uma melhor qualidade do trabalho de auditoria.

*"As ferramentas de inteligência artificial podem melhorar a eficiência, a exatidão e a relevância do trabalho dos auditores internos, permitindo-lhes antecipar e gerir melhor os riscos para a organização."*

# FERRAMENTAS DE INTELIGÊNCIA ARTIFICIAL PARA A AUDITORIA INTERNA 4.0

# FERRAMENTAS DE INTELIGÊNCIA ARTIFICIAL PARA A AUDITORIA INTERNA 4.0

Ferramentas de inteligência artificial utilizadas na Auditoria Interna 4.0: análise avançada de dados, processo automatizado robótico (RPA), análise preditiva, aprendizagem automática e processamento de linguagem natural (PNL).

## 1. Análise avançada de dados

Antes de passarmos à análise de dados, vejamos quais são os diferentes tipos de dados. *"Quando ouvimos a palavra "dados", à primeira vista imaginamos uma série de números que se deslocam interminavelmente no ecrã de um computador. Essa é uma forma de os ver, mas está longe de ser a única.*

*Na realidade, os dados referem-se a qualquer tipo de informação que possa ser recolhida e analisada.*

*"A palavra "dados" tem um significado extremamente lato. Um tweet é um dado, tal como um feed de notícias numa rede social. Estes são exemplos daquilo a que podemos chamar 'dados públicos'", explica Trent Russell, fundador da Greenskies Analytics e apresentador do The Audit Podcast. "Os dados podem ser encontrados tanto na nuvem como em papel. Podem ser relatórios de tendências, relatórios financeiros, dados com carimbo de data/hora recolhidos e armazenados por máquinas em fábricas, etc. A lista é praticamente interminável. A lista é praticamente interminável.*

*Há, no entanto, uma certa classificação que encurta a lista. Em 2018, a Forbes publicou, de facto, uma nomenclatura de várias categorias de dados, da qual aqui fica um excerto:*

1. *Big data: Esta categoria engloba enormes volumes de informação gerados por processos humanos e máquinas, que são demasiado grandes para serem analisados e processados através de uma base de dados convencional (relacional).*

2. *Dados estruturados, não estruturados e semi-estruturados. Alguns dados têm uma estrutura predefinida e são armazenados num local específico e de uma forma específica. Outros dados, por outro lado, não se encaixam perfeitamente nestas caixas. É o caso, por exemplo, dos conteúdos publicados nas redes sociais de uma empresa.*

3. *Dados com registo de data e hora. Alguns dados baseiam-se numa ordem cronológica que define a sequência em que cada ponto de dados foi criado (hora do evento) ou recolhido (hora do processamento).*

4. *Dados abertos. Trata-se de dados livremente acessíveis e utilizáveis por qualquer pessoa (nomeadamente para análise). Podem ser republicados sem restrições ligadas a direitos de autor, patentes ou outros mecanismos de controlo.*

5. *Dados de máquina. Estes dados são o produto das tecnologias e infra-estruturas digitais utilizadas pelas empresas actuais (API,*

*pontos finais de segurança, filas de mensagens, eventos geradores de mudança, aplicações em nuvem, registos telefónicos, dados de sensores de sistemas industriais, etc.).*

6. *Dados em tempo real. Trata-se de dados recolhidos através de cálculos informáticos instantâneos.*

7. *Dados obscuros. Trata-se de dados digitais que não são utilizados, mas que permanecem inactivos de uma forma ou de outra.*

As ferramentas de inteligência artificial podem ajudar a analisar grandes quantidades de dados para identificar tendências, padrões e anomalias que possam indicar riscos potenciais. Não se trata apenas de recolher dados; trata-se de os aproveitar para melhorar o desempenho. Ao examinar os dados de várias fontes, as organizações podem tomar decisões informadas e descobrir informações ocultas.

A análise avançada de dados é um método utilizado para examinar e interpretar conjuntos de dados complexos, a fim de obter informações significativas e tomar decisões informadas. Esta abordagem vai além da análise estatística tradicional, utilizando técnicas e ferramentas mais avançadas para descobrir tendências, padrões e relações subtis nos dados.

A análise avançada de dados pode incluir técnicas como a aprendizagem automática, a análise preditiva, a análise de texto e o processamento de linguagem natural. Estas técnicas permitem aos analistas de dados fazer previsões mais exactas, gerar recomendações personalizadas e tomar decisões mais informadas.

Ao utilizar ferramentas como o software de análise avançada de dados, as empresas podem explorar plenamente o potencial dos seus dados para melhorar o desempenho, identificar novas oportunidades de negócio e otimizar os processos internos. Em última análise, a análise avançada de dados pode ajudar as empresas a manterem-se competitivas no mercado atual em rápida evolução.

A Auditoria Interna 4.0 requer uma abordagem avançada de análise de dados para responder aos desafios das empresas actuais, caracterizados pela explosão de dados e pela crescente complexidade dos ambientes empresariais. Esta abordagem baseia-se na utilização de tecnologias de ponta, como a inteligência artificial, a aprendizagem automática e a análise preditiva, para extrair informações valiosas dos dados.

A análise avançada de dados no Internal Audit 4.0 permite que os auditores internos detectem tendências e anomalias, identifiquem riscos potenciais e forneçam recomendações baseadas em evidências. Usando ferramentas de análise avançada, os auditores internos podem explorar grandes conjuntos de dados de forma eficiente e rápida, permitindo-lhes atender melhor às expectativas das partes interessadas e melhorar a qualidade e a eficiência de seu trabalho.

Para além disso, a análise avançada de dados na Auditoria Interna 4.0 permite uma maior colaboração com outras funções empresariais, como a conformidade, o risco e a segurança da informação. Ao partilhar os resultados da análise avançada de dados, os auditores internos podem contribuir para uma melhor tomada de decisões e uma gestão de riscos mais proactiva na organização.

A análise avançada de dados na Auditoria Interna 4.0 é uma ferramenta essencial para os auditores internos que procuram adaptar-se às exigências do mundo empresarial moderno e desempenhar um papel estratégico na governação empresarial. Ao aproveitarem o potencial das tecnologias avançadas, os auditores internos podem acrescentar um valor significativo à sua organização e contribuir para o seu sucesso a longo prazo.

## 2. Automatização Robótica de Processos (RPA)

Os robots podem automatizar certas tarefas repetitivas e morosas, permitindo que os auditores internos se concentrem em tarefas mais complexas e de maior valor acrescentado.

A automatização de processos robóticos (RPA) é uma tecnologia emergente que utiliza software para automatizar tarefas manuais repetitivas em processos empresariais. Os robôs de software podem executar tarefas como a introdução de dados, a manipulação de ficheiros, a comunicação com outros sistemas e muitas outras, imitando as acções humanas.

A vantagem da RPA é que pode melhorar a eficiência operacional reduzindo o erro humano, acelerando os processos e libertando os funcionários de tarefas simples e repetitivas. Também pode ser implementada rapidamente e a um custo mais baixo do que outras soluções de automatização mais complexas.

No entanto, a RPA não é uma solução única e não é adequada para todos os tipos de processos. É importante analisar cuidadosamente os processos existentes antes de implementar a RPA para garantir que esta irá realmente proporcionar benefícios e gerar um retorno positivo do investimento.

A Automação Robótica de Processos (RPA) na Auditoria Interna 4.0 refere-se ao uso de robôs de software para automatizar tarefas repetitivas e de baixo valor agregado no processo de auditoria interna. Essa tecnologia permite que os auditores internos se concentrem em tarefas mais complexas e de alto valor agregado, melhorando a eficiência e a precisão de suas atividades.

A RPA na Auditoria Interna 4.0 pode ser utilizada para automatizar várias tarefas, como a recolha e análise de dados, a verificação de transacções e contas, a deteção de fraudes e erros, a geração de relatórios e a monitorização contínua dos controlos internos. Esta automatização reduz o risco de erro humano, optimiza os processos, aumenta a produtividade e fornece informações mais rapidamente às partes interessadas da empresa.

Ao adotar a RPA na Auditoria Interna 4.0, as organizações podem melhorar a conformidade regulamentar, reduzir os custos operacionais, reforçar a governação e aumentar a sua capacidade de antecipar e responder ao risco. Por conseguinte, é essencial que os auditores internos se familiarizem com esta tecnologia emergente e a integrem nas suas práticas profissionais, a fim de se manterem competitivos e eficazes num ambiente em constante mudança.

## 3. Análise preditiva

A inteligência artificial pode ser utilizada para prever riscos e tendências futuras, permitindo aos auditores internos antecipar potenciais problemas antes de estes ocorrerem.

A análise preditiva é um ramo da análise de dados que utiliza modelos estatísticos e técnicas de aprendizagem automática para prever eventos ou tendências futuras a partir de dados históricos.

O objetivo da análise preditiva é fazer previsões com base em modelos matemáticos, a fim de antecipar tendências futuras, identificar o comportamento dos clientes, prever riscos e oportunidades ou otimizar os processos de uma empresa.

As empresas utilizam frequentemente a análise preditiva para tomar decisões estratégicas mais informadas, para melhorar o seu planeamento e tomada de decisões ou para compreender melhor as necessidades e preferências dos seus clientes.

A análise preditiva permite às empresas transformar os seus dados em informações preditivas valiosas que podem ajudá-las a atingir os seus objectivos comerciais e a tomar decisões mais bem informadas.

A análise preditiva na Auditoria Interna 4.0 refere-se à utilização de tecnologias avançadas, como a inteligência artificial, a aprendizagem automática e a análise de dados, para prever riscos potenciais, identificar tendências e melhorar o desempenho da auditoria interna.

Esta abordagem preditiva permite aos auditores internos antecipar melhor os problemas, otimizar os processos de auditoria e tomar decisões com base em dados objectivos e relevantes. Ao integrar ferramentas de análise avançadas no processo de auditoria, os auditores podem identificar padrões significativos, anomalias e correlações em dados financeiros e operacionais, permitindo-lhes direcionar melhor os seus esforços e maximizar o impacto das suas recomendações.

Utilizando técnicas de análise preditiva, os auditores internos podem também identificar áreas de alto risco, criar sistemas de alerta precoce e reforçar a monitorização contínua dos riscos. Isto melhora a capacidade de reação da auditoria interna aos riscos emergentes e garante uma melhor gestão do risco para a organização no seu conjunto.

A análise preditiva na Auditoria Interna 4.0 é uma forma poderosa de melhorar a eficiência, a precisão e o valor acrescentado da auditoria interna, tirando partido de tecnologias avançadas para antecipar riscos, otimizar processos e tomar decisões informadas.

## 4. Aprendizagem automática

Os algoritmos de aprendizagem automática podem ser utilizados para detetar anomalias nos dados e melhorar os processos de auditoria, identificando padrões não detectados pelos métodos tradicionais.

A aprendizagem automática é um ramo da inteligência artificial que envolve a conceção de algoritmos capazes de aprender com os dados e melhorar autonomamente ao longo do tempo. Com a aprendizagem automática, os sistemas informáticos podem analisar dados, identificar tendências e padrões e tomar decisões sem terem de ser explicitamente programados para cada tarefa.

A aprendizagem automática é utilizada em muitos domínios, incluindo o reconhecimento da fala, a recomendação de produtos, a deteção de fraudes, a visão por computador, a medicina, as finanças, os jogos de vídeo e muitos outros. Existem diferentes tipos de aprendizagem automática, como a aprendizagem supervisionada, a aprendizagem não supervisionada e a aprendizagem por reforço.

A aprendizagem automática é uma tecnologia poderosa que permite que as máquinas aprendam e melhorem por si próprias, sem intervenção humana direta.

A Auditoria Interna 4.0 refere-se ao uso de tecnologias avançadas, como o aprendizado de máquina, para melhorar os processos de auditoria interna. O aprendizado de máquina é um ramo da inteligência artificial que permite que os sistemas de computador aprendam e melhorem a partir de dados sem serem explicitamente programados.

No contexto da auditoria interna, a aprendizagem automática pode ser utilizada para analisar grandes quantidades de dados financeiros e operacionais para identificar tendências, anomalias ou padrões que possam indicar potenciais riscos para a empresa. Por exemplo, os modelos de aprendizagem automática podem ser utilizados para detetar fraudes, prever riscos de conformidade ou otimizar os processos de auditoria.

Ao integrar a aprendizagem automática nos processos de auditoria interna, os profissionais de auditoria podem melhorar a eficácia e a eficiência do seu trabalho, reduzir os erros humanos e identificar mais rapidamente potenciais problemas. Também permite que os auditores se concentrem em tarefas de maior valor acrescentado, como a análise de resultados e a elaboração de recomendações estratégicas para a empresa.

A utilização da aprendizagem automática na Auditoria Interna 4.0 representa uma grande oportunidade para os profissionais de auditoria melhorarem os seus processos e fornecerem informações mais exactas e relevantes aos seus clientes e à gestão da empresa.

## 5. Processamento de linguagem natural (PNL)

As ferramentas de IA baseadas em PNL podem ajudar a analisar e interpretar documentos complexos e não estruturados, como relatórios financeiros, contratos ou comunicações internas.

O processamento de linguagem natural (PNL) é um ramo da inteligência artificial que se centra na comunicação entre humanos e computadores utilizando linguagem natural. O seu objetivo é permitir que os computadores compreendam, interpretem e gerem linguagem humana de uma forma significativa.

A PNL utiliza várias técnicas e métodos, como a modelação estatística, a aprendizagem automática e o processamento automático de linguagem natural, para analisar e compreender o texto e a voz humana. É amplamente utilizada em muitos domínios, como a tradução automática, o reconhecimento da fala, a análise de sentimentos, os chatbots e a recuperação de informações.

O processamento de linguagem natural tem como objetivo tornar a comunicação entre humanos e computadores mais natural e eficiente, permitindo que as máquinas compreendam e processem a linguagem humana de forma inteligente.

Ao utilizar estas ferramentas de inteligência artificial, os auditores internos podem melhorar a eficiência, a exatidão e a relevância do seu trabalho, ao mesmo tempo que podem antecipar e gerir melhor os riscos para a organização.

O Processamento de Linguagem Natural (PLN) pode desempenhar um papel importante na Auditoria Interna 4.0, permitindo que os auditores internos analisem e compreendam grandes quantidades de dados não estruturados em linguagem natural. Eis algumas das formas como a PNL pode ser utilizada na Auditoria Interna 4.0:

Análise de documentos: A PNL pode ser utilizada para analisar documentos como relatórios, correio eletrónico, contratos, etc., para identificar tendências, riscos potenciais, anomalias ou oportunidades de melhoria.

Análise de sentimentos: A PNL pode ser utilizada para analisar os sentimentos expressos nas comunicações internas e externas da empresa, o que pode ajudar os auditores internos a detetar problemas com a cultura da empresa, stress ou potenciais conflitos.

Deteção de fraudes: a PNL pode ser utilizada para detetar padrões linguísticos suspeitos que possam indicar fraude ou desvio de fundos. Por exemplo, a análise das conversas ou mensagens de correio eletrónico dos empregados pode ajudar a identificar comportamentos fraudulentos.

Automatização de tarefas: o PNL pode ser utilizado para automatizar determinadas tarefas de auditoria interna repetitivas e morosas, como a extração de informações essenciais de relatórios ou a criação de relatórios de auditoria.

A PNL pode ajudar os auditores internos a poupar tempo, melhorar a produtividade e obter informações mais relevantes e exactas a partir de grandes quantidades de dados não estruturados. Por conseguinte, é essencial que os auditores internos se familiarizem com os conceitos da PNL e explorem as possibilidades que esta oferece no contexto da Auditoria Interna 4.0.

*"Ao implementar a abordagem da Auditoria Interna 4.0, as empresas podem beneficiar das suas vantagens de melhorar a eficiência, identificar os riscos mais rapidamente e aumentar o valor acrescentado do trabalho de auditoria interna."*

# CONCLUSÃO

# CONCLUSÃO

O livro "Audit Interne 4.0: Révolution de l'Audit Interne par l'Intelligence Artificielle" destaca a importância crescente da inteligência artificial no domínio da auditoria interna. Destaca as oportunidades oferecidas por esta tecnologia para melhorar a eficiência, a qualidade e a relevância das auditorias internas.

Salienta a necessidade de os profissionais de auditoria interna se formarem e familiarizarem com as ferramentas e técnicas de IA, a fim de se manterem competitivos e satisfazerem as expectativas crescentes das partes interessadas.

Ao adoptarem uma abordagem proactiva e ao integrarem a inteligência artificial na sua prática, os auditores internos podem dar um contributo significativo para o valor acrescentado da sua organização.

*"Elevo a minha alma para ti. Abro-te o meu coração. Senhor, olha por mim.*

## BIBLIOGRAFIA


- UNIVERSAL BIBLICAL ALLIANCE, A Bíblia, Nova edição revista, 2013
- Jacquemin, M. (2021). Audit Interne 4.0: Révolution de l'Audit Interne par l'Intelligence Artificielle. Edições Eyrolles.
- Jacquemin, M. (2020). L'Intelligence Artificielle au Service de l'Audit Interne. Edições Dunod.
- Cohn, D., & Sivan, Y. (2019). A auditoria deve mudar: as novas expectativas da Auditoria Interna. KPMG International.
- Instituto de Auditores Internos (IIA). (2018). Guias Globais de Auditoria Tecnológica - Usando Inteligência Artificial na Auditoria Interna. IIA.
- Deloitte (2017). O impacto da inteligência artificial na auditoria interna. Deloitte.
- Creswell, J. W. (2014). Research design: Qualitative, quantitative, and mixed methods approaches. Publicações Sage.
- IIA (theiia.org), https://docs.ifaci.com, PERSPECTIVAS INTERNACIONAIS: Análise de dados

**Do mesmo autor, publicado pelas Editions Universitaires Européennes**

1. Desempenho global de um grupo industrial
2. Metodologia de auditoria para acrescentar valor à sua atividade
3. Uma ferramenta para controlar as alterações nas contas da sua empresa
4. Alavancagem para melhorar a rentabilidade da sua empresa
5. Aumentar as vendas da sua empresa
6. O impacto da consultoria de gestão no desenvolvimento das empresas
7. As chaves do desenvolvimento empresarial no sector agroindustrial
8. As chaves do desenvolvimento empresarial no sector dos transportes
9. Criação e desenvolvimento de empresas
10. Método de diagnóstico do sistema de gestão financeira da sua empresa
11. Alterações climáticas e estratégia empresarial
12. Energias renováveis: o que é que está em jogo para a sua empresa?
13. 16 maneiras de atingir os seus objectivos
14. Empreendedorismo
15. Gestão do risco
16. Notícias diárias da empresa
17. Finanças para gestores não financeiros
18. Investir em empresas
19. 12 Oportunidades de investimento

20. As sete (7) chaves para fazer crescer a sua empresa
21. Elaboração de um plano de auditoria interna
22. Controlo financeiro e rentabilidade da empresa
23. Sete (7) regras de ouro da rentabilidade
24. Sete (7) vantagens da inteligência artificial para a sua empresa
25. Transformação digital da gestão financeira
26. Eliminação progressiva dos combustíveis fósseis e estratégia empresarial
27. Vender mais! Vender melhor!
28. Gestão de RH 2.0
29. A IA revoluciona a gestão das empresas
30. Resiliência
31. Discernimento
32. Bitcoin no mundo dos negócios
33. Financiamento verde
34. Investimentos verdes
35. O dízimo

Os primeiros vinte e oito (28) livros estão disponíveis em sete (7) línguas, incluindo francês, inglês, espanhol, alemão, italiano, português e russo.

HATHRY GEORGES CAPITAL

Milton Keynes UK
Ingram Content Group UK Ltd.
UKHW010907080424
440801UK00001B/210

9 786207 339150